NOUVELLE BIBLIOTHÈQUE JUNIOR

Catherine Grabowski

Smartphonia

Cornelsen

Nouvelle Bibliothèque **Junior**

Catherine Grabowski • Smartphonia

Herausgeber:	Thilo Karger, Klaus Mengler
Vokabelannotationen:	Thilo Karger, Klaus Mengler
Verlagsredaktion:	Corinna Martin-Werner
Layout und technische Umsetzung:	Klein & Halm Grafikdesign, Berlin
Umschlaggestaltung:	Buchgestaltung + Berlin
Umschlagfoto:	Fotolia/jan stopka

www.cornelsen.de

1. Auflage, 4. Druck 2024

Alle Drucke dieser Auflage sind inhaltlich unverändert
und können im Unterricht nebeneinander verwendet werden.

© 2016 Cornelsen Verlag GmbH, Mecklenburgische Str. 53, 14197 Berlin,
E-Mail: service@cornelsen.de

Druck: Livonia Print, Riga

ISBN 978-3-06-121551-4

PEFC zertifiziert
Dieses Produkt stammt aus nachhaltig
bewirtschafteten Wäldern und kontrollierten
Quellen.

www.pefc.de

PEFC/12-31-006

Pour Mara Lisa

Liste des personnages

Lucile, copine d'Antoine et amie de Marie
Antoine, copain de Lucile
Marie, amie de Lucile qui s'intéresse à Jules
Jules, garçon dragueur
Sim, frère de Liv, fan de rap } amateurs
Naïm, ami de Sim de selfies
Liv, sœur de Sim, fan d'informatique
Rayan, amoureux de lui-même
Jeanne, amie d'Aminata, accro aux réseaux sociaux
Aminata, amie de Jeanne, } membres
déteste les réseaux sociaux des Antis
Liane, aime le jogging
Louise, cherche un job
Charlène, fille blonde avec une mèche qui lui tombe dans les yeux

Illias, n'aime pas parler mais possède un Iphone

Monsieur Lemarchand, père de Lucile, acheteur et revendeur de produits d'alimentation

Une cliente du « Tart'Inn »

Voix off

Monsieur Tranchu, patron du « Tart'Inn », restaurant où on ne vend que des tartines

Rôles muets

les Antis, groupe qui s'engage contre la colonisation de l'espace public par les smartphones

la voisine de M. Lemarchand dans le métro

les passagers dans le métro, les passants dans la rue, les clients du restaurant

Acte I

*Dans le métro à Paris, différents passagers.
Environ deux tiers ont des smartphones.*

Scène 1

*Lucile et Antoine rentrent dans le métro.
Antoine porte plein de sacs de courses, Lucile
ne porte rien. Elle s'assoit sur la seule place
vide, Antoine reste debout et pose les sacs.*

Antoine : Ouf, c'est lourd !

Lucile reçoit un message. Elle le lit et répond.

Antoine : C'est qui ?

Lucile : C'est mon père. Il veut que je
l'appelle tout à l'heure !

*Lucile range son portable. Un nouveau
message arrive. Elle le lit et répond.*

Antoine : C'est qui ?

Lucile : C'est une copine du basket. Elle demande si je viens au match demain.

Quelqu'un se lève à côté de Lucile. Antoine veut prendre la place libre, mais avec tous ses sacs, il n'est pas assez rapide, quelqu'un d'autre prend la place. Un nouveau message arrive sur le smartphone de Lucile.

Antoine : Et maintenant, c'est qui ?

Lucile : C'est ma tante. Elle demande si je viens à son anniversaire dimanche.

Il y a de nouveau une place libre à côté de Lucile. Cette fois, Antoine est plus rapide et s'assoit. Il se penche pour lire les messages de Lucile. Lucile lui tourne le dos. Un nouveau message arrive.

Antoine : Et là, c'est qui ?

Lucile répond, puis se tourne vers Antoine avec un grand sourire.

Lucile : C'est la bibliothèque ! Elle me rappelle que je dois rendre mes livres demain !

Antoine lui arrache le téléphone et regarde les messages.

Antoine : Ton père, ta copine, ta tante et ta bibliothèque s'appellent tous Jules ? Mais tu te moques de moi !

Il jette le portable sur les sacs de courses, se lève et sort du métro. Lucile se lève. Elle veut aussi sortir, mais elle ne peut pas à cause des sacs.

Lucile : Antoine ! Attends ! Ce n'est pas ce que tu crois ! ... Et ben zut ! Comment est-ce que je vais porter tout ça, maintenant ?

Scène 2

Sim, Naïm et Rayan entrent dans le métro. Rayan cherche une place et s'installe. Sim et Naïm s'arrêtent devant Lucile et ses sacs. Ils commencent tout de suite à la draguer. Ils tournent autour d'elle et parlent très vite.

Pendant ce temps, Rayan met ses écouteurs et ne s'occupe pas d'eux.

Sim : Salut, Mademoiselle !

Naïm : On peut t'aider, Mademoiselle ?

Lucile : En fait...

Naïm : J'ai l'impression qu'on se connait déjà, Mademoiselle !

Sim : Faut pas écouter mon copain, Mademoiselle, c'est un dragueur...

Naïm : Attends, Mademoiselle, on peut faire un petit selfie ensemble tous les trois, non ?

Sim : Tu nous donnes ton numéro de portable, Mademoiselle ? Comme ça, on t'envoie la photo !

Lucile : En fait...

Naïm : Dis donc, Mademoiselle, t'as beaucoup de sacs...

Sim : Mais c'est pas possible, tu as une famille nombreuse, Mademoiselle ? Chips, bouteilles... Hmmm, tu prépares une fête, Mademoiselle ! N'est-ce pas ?

Lucile : En fait…

Sim : Mademoiselle « en fait » prépare une fête ! C'est joli ça ! *(Il commence à faire du beatbox.)* Fttt, fttt, ftttba … en fait, elle fait une fête ! Fttt, fttt, ftttba en fait, elle fait une fête !

Naïm : Bon ben, on va t'aider à porter tes sacs, et peut-être que tu auras envie de nous inviter à ta fête, n'est-ce pas, Mademoiselle… en fait?

Ils prennent les sacs et sortent ensemble. Rayan leur fait un petit signe mais reste à sa place.

Scène 3

Rayan avec ses écouteurs et un petit micro.

Rayan : Ouais, ouais, ça va … ça va bien … cool … pas de problèmes… *(Il sort son smartphone, fait un selfie, le regarde, se sourit, le poste.)* Ça va, j'suis beau … Si, si, j'suis plutôt beau gosse, mais il manque quelque chose... *(Il se photographie de profil.)* On voit que je suis beau, mais on ne voit pas vraiment qui je suis ... *(Il se photographie la nuque de derrière, il relève son tee-shirt pour se photographier l'épaule droite puis l'épaule gauche.)* Il faut que les gens voient ce qu'il y a derrière le beau gosse. Il faut que les gens voient qui je suis... *(Un monsieur avec son journal le regarde fâché parce qu'il parle trop fort.)* Je veux un tatouage qui raconte à tout le monde qui je suis ! *(Il regarde autour de lui.)* Je le mettrai sur mon profil et tous ceux qui le verront, penseront, waouh ! Rayan ! Le king !

Il sort du métro, très content.

Scène 4

Les Antis arrivent. Liane et Louise font partie du groupe. Les Antis portent tous le même bonnet rouge. Ils ne parlent pas, mais tapent sur l'épaule de tous ceux qui sont occupés avec leurs téléphones portables. Ils les forcent à lever la tête, à les regarder dans les yeux. Ils leur font un grand sourire puis les laissent à nouveau avec leurs portables. Les passagers réagissent de différentes façons.

Scène 5

Les Antis sortent, mais Louise et Liane restent. Elles enlèvent le bonnet rouge. Elles s'assoient. Illias n'est pas loin. Il les observe.

Louise : Il est quelle heure ?

Liane : Il est trois heures moins le quart.

Louise regarde l'heure sur son portable.

Louise : À trois heures, il faut que j'appelle

le patron du « Tart'Inn ». Il a peut-être un job pour moi.

Liane : Okay, mais il faut que je te dise un truc...

Louise *(qui ne l'écoute pas)* : Il me faut ce job, j'ai vraiment besoin d'argent...

Liane : Okay, oui, ça serait cool, mais écoute...

Louise : Il est quelle heure, là ?

Liane *(énervée)* : Deux heures quarante-sept, écoute...

Louise : Dans treize minutes, je l'appelle. La ponctualité, c'est très important dans la restauration.

Liane : D'accord, ça va marcher, j'en suis sûre, mais là, il faut que je te dise...

Louise *(qui regarde partout dans le wagon)* : Là, regarde, il y a quatre places libres, je vais me mettre dans un coin tranquille pour téléphoner.

Liane : Louise ! Je dois descendre à la prochaine et il faut que je te dise...

Louise : Écoute, Liane, là, ce n'est plus le moment de me raconter tes histoires, j'ai un entretien d'embauche dans quatre minutes et demie, on s'appelle plus tard, d'accord ? Allez, salut !

Liane *(qui sort du métro, fâchée)* : Zut ! Quelle idiote ! Je n'ai pas pu lui dire pour l'action des Antis de ce soir !

Elle sort et remet le bonnet des Antis.

Scène 6

Louise regarde tout le temps l'heure, très nerveuse. Illias essaie de lui sourire pour l'encourager. Louise compose un numéro.

Louise *(au téléphone)* : Allô, allô, Monsieur Tranchu, c'est Louise, Louise Meurisse, j'appelle… Zut ! On a été coupés. *(Louise recompose le numéro.)* Allô, allô, ici Monsieur Tranchu. *(Elle comprend son erreur et coupe elle-même la* *communication.)* Zut ! *(Elle respire, se calme et rappelle.)* Bonjour, Madame, est-ce que je pourrais parler à Monsieur Tranchu ... *(Le métro est secoué dans tous les sens.)* Oh merde ! *(Elle écoute.)* ... Non, non, pardon, je voulais dire... *(Elle écoute puis raccroche désespérée ; pour elle-même.)* Zut ! Je foire tout ! Ce portable n'a jamais de réseau ! *(à Illias)* En fait, avec mon groupe, on est contre les portables, c'est pour ça que j'utilise ce vieux machin ! *(Elle se lamente.)* Mais aujourd'hui, c'est nul ! J'aurais dû rester chez moi et appeler d'un fixe !

Illias sort son Iphone de son sac et le tend à Louise sans dire un mot, avec un sourire.

Louise : Je... vraiment, je peux ? Je peux appeler avec ton...

Illias fait oui de la tête. Louise appelle avec l'Iphone d'Illias.

Louise *(décidée)* : Bonjour, ici Louise Meurisse à l'appareil, nous avons été interrompues, est-ce que je pourrais parler à Monsieur Tranchu, s'il vous plait... *(Elle écoute.)* Ah, il n'est pas là ? Ah ! Bon d'accord, oui, il peut me rappeler ... Oui, bien sûr, au revoir, Madame, merci !

Louise raccroche, soulagée. Elle fait un grand sourire à Illias.

Louise : Merci ! *(pour elle-même)* Il me rappelle cet après-midi vers 17 heures, il faut que je sois prête ! *(à Illias)* Merci beaucoup ! Vraiment !

Pendant tout le reste du trajet, Louise et Illias se regardent timidement. Dès que l'un lève les yeux, l'autre les baisse. Quand Louise sort du métro, elle fait des signes à Illias qui répond.

Scène 7

Monsieur Lemarchand entre dans le métro avec une valise à roulettes. Il téléphone avec son téléphone bleu.

M. Lemarchand : Allô, Lucile, ma chérie ! Je suis en route pour l'aéroport ! Sois bien sage, fais tes devoirs et ne va pas au lit trop tard... *(Il est interrompu parce qu'un autre téléphone sonne. Il sort un téléphone vert.)* Allô ! Oui, Monsieur Badji ! Oui, je pars en voyage d'affaires en Espagne... oui, c'est bientôt l'été, je vais faire la tournée des producteurs de tomates. Quoi ? ... Des bananes ? Vous avez dix tonnes de bananes à vendre ?

M. Lemarchand se tourne vers sa voisine qui fait des mots croisés et qui lui jette des regards énervés parce qu'il parle trop fort.

M. Lemarchand *(à sa voisine)* **:** Excusez-moi, je peux emprunter votre stylo ?

Il prend le stylo sans attendre la réponse. La voisine est offusquée mais n'arrive pas à dire quelque chose.

M. Lemarchand *(à M. Badji)* : Oui, je note ... Elles sont déjà à Paris ... 99 centimes le kilo ... pour les dix tonnes... *(Il s'arrête d'écrire.)* c'est beaucoup, dix tonnes...

Il coince son téléphone vert entre son épaule et son oreille pendant qu'il parle et sort son téléphone rouge pour composer un numéro. En même temps, il rend le stylo à la voisine qui est très en colère, mais recommence à faire des mots croisés. Par la suite, chaque fois qu'il parle très fort, elle se met en colère. Mais chaque fois qu'il parle doucement, elle se rapproche pour écouter avec curiosité.

M. Lemarchand *(à M. Badji dans le téléphone vert, très fort)* : Excusez-moi, je vous rappelle. *(dans le téléphone rouge, voix basse de conspirateur)* Allô, Mister X ! C'est M. Lemarchand ! Mister X, écoutez, j'ai une nouvelle mission pour vous.

Vous mettez des commentaires ultra positifs sur tous les restaurants de Paris qui ont une spécialité à base de banane, c'est compris ?

Le téléphone vert sonne très fort.

M. Lemarchand *(voix basse)* : Un instant, Mister X, je vous rappelle ! *(Il range le téléphone rouge et prend le téléphone vert, voix très forte.)* Allô, Monsieur Badji ? Oui, votre offre m'intéresse ! *(Il fait signe à la voisine de lui redonner son stylo.)* Non, je ne pars plus en Espagne ! Tant pis pour les tomates ! Les gens mangeront des bananes !

Le téléphone rouge sonne très fort.

M. Lemarchand *(à M. Badji dans le téléphone vert, très fort)* : Excusez-moi, M. Badji, je vous rappelle !

Il donne à sa voisine le téléphone vert au lieu du stylo, puis corrige son erreur.

M. Lemarchand *(à Mister X, dans le téléphone rouge, voix beaucoup plus*

basse) : Mister X, j'ai oublié un truc :
Vous allez poster des recettes de
bananes sur tous les sites de cuisine
d'Europe... Je ne sais pas, moi, inventez :
soupes de banane, salades de banane,
quiches à la banane... Je veux que tout le
monde mange des bananes à Paris cette
semaine ! Trouvez des idées ! C'est votre
job !

*M. Lemarchand range son téléphone rouge,
puis commence à écrire très vite des textos
sur son téléphone vert. Sa voisine se penche
à nouveau vers lui pour essayer de lire par-
dessus son épaule.*

M. Lemarchand *(à sa voisine)* : Oh, mais
vous alors ! Vous ne pouvez pas vous
occuper de vos affaires et me laisser
tranquille !

La voisine, vexée, se lève et part.

Scène 8

Jules entre. Il s'assoit en face de Charlène, une fille blonde avec une mèche qui lui tombe dans les yeux. Son téléphone sonne.

Jules : Allô, Lucile, salut, ça va ? *(Il écoute.)* Oui, j'ai déjà répondu à tes messages... Non, je ne sais pas encore si je pourrais venir à ta fête ce soir... J'ai peut-être déjà un autre rendez-vous... *(Il fait un clin d'œil à Charlène.)* Il y aura Marie ? ... C'est qui, Marie ? *(Il écoute, en même temps il regarde Charlène.)* Ah, ta copine, la brune ! Bof ouais, elle est pas mal, mais ce n'est pas mon genre... Tu sais, moi, je préfère les blondes avec une mèche qui leur tombe dans les yeux et du vernis à ongles rouge.

Charlène relève sa mèche et met sa main devant sa bouche. Jules lui refait un clin d'œil, puis continue sa conversation avec Lucile.

Jules : Bon écoute, je vais voir... C'est à

quelle heure ? ... D'accord, je te rappelle !
À plus !

*Il raccroche. Il regarde sa montre. Il regarde
Charlène. Il lui fait un grand sourire et change
de place pour s'asseoir tout près d'elle.*

Jules *(à Charlène, dragueur)* : Il y a une fête à
huit heures rue de Rivoli, près du métro
Châtelet. On pourrait aller prendre un
café ensemble avant. *(Il se tourne vers
elle.)* Ça te dit ?

Charlène : Pourquoi pas... Je connais un
café sympa près du centre Pompidou...

Ils sortent ensemble.

Acte II

Dans un parc. Il y a un banc de chaque côté de la scène. Sur le banc de gauche, il y a Aminata. Sur le banc de droite, il y a Liv.

Scène 1

Aminata regarde autour d'elle comme si elle attendait quelqu'un. Tout à coup, Jeanne arrive. Elle est super contente et tient son smartphone en main comme un trophée. Aminata lui répond, mais elle continue à regarder autour d'elle pendant que Jeanne lui parle car elle attend encore quelqu'un d'autre. Jeanne fait la bise à Aminata et s'assoit à côté d'elle.

Jeanne *(très excitée)* : Ça y est, je l'ai ! Ça y est, je l'ai !

Aminata : Quoi ?

Jeanne : Le numéro de téléphone du beau Rayan ! Il y a une fille dans ma classe qui connait Naïm. *(Aminata la regarde avec de grands yeux, Jeanne s'énerve.)* Mais tu dors ou quoi ? Naïm, le grand copain de Rayan !

Aminata *(qui essaie de s'intéresser)* : Waouh ! ... Et alors ?

Jeanne : Quoi, et alors ?

Aminata : Tu vas l'appeler ?

Jeanne : Qui ?

Aminata : Ben, le beau Rayan ?!

Jeanne : Non ! T'es folle ! ... Je vais l'ajouter dans la liste de mes amis sur Snapchat ! Comme ça, je pourrai voir ce qu'il fait, les choses qu'il voit, les plats qu'il mange...

Aminata : les filles avec lesquelles il sort...

Jeanne : Arrête, tu es dégueulasse ! *(Elle*

rêve un moment.) Tu crois vraiment qu'il a une copine ?

Aminata : Je ne sais pas... *(Elle regarde Jeanne qui se calme.)* Mais je sais de qui il est amoureux...

Jeanne *(à nouveau horrifiée)* : Non ! C'est pas vrai ! Il est amoureux ?

Aminata : Oh, le beau Rayan est surtout amoureux de lui-même.

Jeanne *(qui rigole et tape sa copine)* : Pff, tu es bête ! Je te déteste ! *(Elle lui refait la bise.)* Bon, allez, j'y vais... On se retrouve ce soir chez Lucile ? Elle fait une fête, son père n'est pas là, il est en voyage d'affaires en Espagne !

Aminata *(qui continue à regarder autour d'elle)* : Je ne sais pas encore ... peut-être !

Jeanne part.

Scène 2

Aminata est toujours sur le banc. Liane arrive. Elle s'assoit à côté d'elle. Elle est en tenue de jogging et porte le bonnet des Antis. Sur le banc de droite, il y a toujours Liv.

Liane : On fait une action ce soir autour du centre Pompidou... le rendez-vous est à la station Châtelet, sortie rue de Rivoli.

Aminata : OK !

Liane : Louise ne peut pas venir. On a besoin de toi !

Aminata : OK, je viens !

Liane : L'opération s'appelle « Le téléphone sans fil nous enchaine ». Il nous faut des cordes. Tu peux en apporter ?

Aminata : Je ne sais pas, je vais chercher !

Liane : Super ! Alors je compte sur toi !

Aminata : Super ! À plus !

Aminata s'en va. Liane se prépare pour faire son jogging.

Scène 3

Illias arrive dans le parc. Son portable sonne.
Il le cherche dans toutes ses poches. Quand il
le retrouve enfin, la sonnerie s'est arrêtée. Un
message arrive.

Illias : Zut !

Il écoute le message sur haut-parleur.

M. Tranchu *(voix off)* : Bonjour, Madame
   Meurisse … Vous avez appelé pour le
   poste de serveuse chez « Tart'Inn » …
   Nous avons besoin de quelqu'un très
   vite. Est-ce que vous pouvez être là ce
   soir à 18 heures ? Nous avons beaucoup
   de clients en ce moment. On pourrait
   faire un essai tout de suite !

Illias *(pour lui-même)* : Zut ! Il faut que je
   la prévienne ! Mais je ne sais pas où la
   joindre…

Il s'assoit sur le banc près de Liane.

Illias *(pendant qu'il cherche le numéro*
   sur Internet) : J'espère qu'elle est sur

Facebook... Louise Meurisse, Louise Meurisse... Zut ! Elle n'est pas sur Facebook... ! *(Il réfléchit.)* Elle est peut-être dans l'annuaire téléphonique... *(Il cherche.)* Louise Meurisse, Louise Meurisse... Zut ! Elle est sur liste rouge !

Liane regarde ce que fait Illias.

Liane : Qu'est-ce que tu lui veux, à cette Louise Meurisse ?

Illias : Euh ben, elle a appelé quelqu'un pour un travail avec mon portable et le chef a rappelé sur mon portable, et elle a un rendez-vous ce soir à 18 heures, et je ne sais pas comment lui dire...

Liane prend le stylo d'Illias et note un numéro sur son bras.

Liane : Tu peux appeler là !

Illias regarde son bras, super étonné. Liane se lève et s'en va. Illias hausse les épaules et fait le numéro.

Illias : Allô, euh ben, vous êtes ... euh ... pardon, tu es Louise Meurisse ? *(Il fait* *un grand sourire.)* Alors moi, c'est euh ben, Illias, le garçon avec l'Iphone et euh ben... Monsieur Tranchu a rappelé sur mon portable et euh ben, tu as rendez-vous à 18 heures... Allô, Louise ? Tu es toujours là ? Tu euh ben ... tu veux que je t'accompagne ?

Il quitte le parc. Liane commence à faire son jogging et quitte la scène.

Scène 4

Liv est assise sur l'autre banc. Elle porte de grosses lunettes de nerd et travaille sur un immense ordinateur portable.

Liv *(relit ce qu'elle a écrit)* : « Glaces à gogo », très bon glacier, il faut absolument gouter le sorbet à la banane ou le milk-shake banane-cacahouètes... « Restaurant Tart'Inn », la spécialité de la maison est la tartine jambon-banane flambée au cognac...

Sim et Naïm arrivent dans le parc. Sim marche les yeux sur son smartphone parce qu'il cherche son chemin sur Google Earth.

Sim : Ma sœur doit être quelque part par ici. Quand je lui demande où elle est, elle m'envoie toujours ses coordonnées GPS !

Naïm (*regarde autour de lui et découvre Liv)* : Elle est là !

Ils lui font la bise.

Sim : Salut, petite sœur. Toujours derrière ton ordi ? *(à Naïm)* Ma sœur est un vrai nerd ! *(à Liv)* Qu'est-ce que tu fais ? Fais voir... *(Il lit.)* Omelette champignon-banane, mousse de poisson à la banane... Mais qu'est-ce que tu fais ? Tu t'intéresses aux recettes de cuisine maintenant ?

Liv : On peut s'intéresser à la cuisine sans cuisiner !

Sim : Tu es vraiment bizarre, Liv... Parfois, tu me fais peur... *(Il la regarde un moment.)* Écoute, Naïm et moi, on va à une fête ce soir ! On a rencontré une fille, Lucile, dans le métro. Tu veux nous accompagner ?

Liv : Bof, je ne sais pas... J'ai du travail...

Sim : Du travail ! Toujours du travail ! Liv, tu ne vas pas épouser ton ordinateur ! Tiens ! Je te donne l'adresse !

Il prend l'ordinateur de Liv et tape une adresse. Il lui redonne l'ordinateur.

Sim : On se retrouve là-bas, petite sœur, à huit heures devant l'entrée ! N'oublie pas !

Sim et Naïm partent. Liv relit l'adresse, étonnée.

Liv : 8 bis, rue de Rivoli ... 8 bis, rue de Rivoli ... C'est bizarre ... Je connais cette adresse...

Elle réfléchit un moment et puis elle recommence à travailler.

Scène 5

Antoine arrive dans le parc. Il regarde son portable.

Antoine : Elle n'écrit pas.

Il range son portable et le ressort aussitôt. Il regarde s'il a des messages.

Antoine : Pourquoi est-ce qu'elle n'écrit pas ?

Il range son portable et le ressort aussitôt. Il le regarde et le secoue comme s'il voulait en faire tomber un message.

Antoine : Elle n'a toujours pas écrit !

Liane est revenue de son tour de jogging. Maintenant, elle fait des exercices et regarde Antoine.

Liane : 13 fois en une minute ! Bravo ! Record battu !

Antoine : Hein ? Quoi ? Quel record ?

Liane : Le record de l'homme qui regarde le plus souvent s'il a eu un texto en une minute !

Antoine : Mais n'importe quoi, laisse-moi tranquille !

Liane : Ah non non, pas de fausse modestie, tu as gagné une médaille … Mais d'abord, je dois savoir … Est-ce que tu es amoureux ?

Antoine secoue la tête comme si Liane était folle.

Antoine *(agressif)* : Oui, je suis amoureux ! Je suis amoureux d'une idiote qui me prend pour un idiot. Et alors ?

Liane : Alors, ce n'est pas la même catégorie ! Tu as gagné la médaille d'or de l'homme amoureux qui regarde le plus souvent s'il a eu un texto en une minute ! Bravo !

Liane cherche dans la poche de son pantalon de jogging et en sort une médaille en forme de cœur. Elle la met autour du cou d'Antoine qui est trop étonné pour résister.

Antoine : Tu es vraiment bizarre, toi !

Liane : Je peux te donner un conseil ?

Antoine : Euh, ben oui, au point où on en est !

Liane : N'attends pas un message. Si tu l'aimes, va chez elle !

Liane recommence à faire du jogging. Antoine secoue la tête, regarde sa médaille, regarde Liane qui part.

Antoine *(pour lui-même)* : Si tu l'aimes, va chez elle ! *(Il réfléchit.)* C'est une idée, ça !

Un message arrive, mais il ne le regarde même pas. Il part.

Acte III

Sur une petite place qui donne sur la rue de Rivoli. À gauche, le restaurant « Tart'Inn », à droite, le balcon de l'appartement de Lucile. Il y a tout le temps des gens qui passent sur la place.

Scène 1

Louise vend les tartines derrière une table. Il y a la queue. Certaines personnes s'installent pour manger sur la terrasse du restaurant, d'autres partent avec leur tartine. Presque tout le monde achète des tartines à la banane. Sur la place, Illias distribue des publicités pour le restaurant aux passants. De temps en temps, il fait un petit coucou à Louise qui lui répond.

Illias : « Tart'Inn » ! Le restaurant de la tartine !

Louise *(à une cliente)* : Qu'est-ce que vous désirez ?

Une cliente : Une tartine banane-sardine pour moi et une tartine banane-salade pour mon mari qui est végétarien, s'il vous plait !

Louise : Très bien ! Cela fait 16 euro 80, s'il vous plait !

Louise prépare les tartines. Illias continue à distribuer des publicités aux passants.

Illias : Venez chez « Tart'Inn », le restaurant de la tartine !

Scène 2

On entend la musique de la fête. Lucile arrive sur le balcon. Elle enregistre un message vocal.

Lucile : Allô, Antoine ! Presque tous les

invités sont là ! Où es-tu ? *(Elle réécoute le message vocal. On voit qu'elle n'est pas contente.)* Non, ça ne va pas. *(Elle recommence.)* Antoine ! Zut ! Tu as mal compris l'histoire avec Jules ! Rappelle-moi ! *(Elle réécoute le message vocal. On voit qu'elle n'est pas contente.)* Non, ce n'est pas ça non plus *! (Elle enregistre un nouveau message vocal.)* ... Antoine, mon chéri ! Je voudrais que tu viennes ! Tu me manques ! *(Elle envoie le message.)* ... Oh non ! Je l'ai envoyé ! Qu'est-ce qu'il va penser de moi ?

Elle quitte le balcon.

Scène 3

Sim, Naïm et Liv arrivent sur la place.

Sim : Voilà, c'est là ! Vous avez vu la rue ? Vous avez vu l'immeuble ! C'est la classe, non ? Et vous allez voir l'appartement ! Il est génial !

Liv : Elle habite seule ?

Naïm : Non, elle habite avec son père, mais là, il est parti en voyage d'affaires...

Liv : ... en voyage d'affaires ? Hmmm... Vous êtes sûrs ?

Sim : Ben oui, pourquoi ? Liv, tu es trop bizarre ! Pourquoi est-ce que tu penses qu'il n'est pas parti en voyage d'affaires ?

Liv hausse les épaules.

Liv : Juste comme ça !

Ils passent devant le restaurant « Tart'Inn ». Naïm s'arrête devant le menu.

Naïm : Eh, Liv ! Regarde ça ! Ce ne sont pas tes recettes ?

Liv *(qui essaie de l'entrainer)* **:** Ouais, ouais, ça va, viens !

Naïm se retourne encore plusieurs fois vers le menu puis vers Liv, admiratif. Ils rentrent dans l'immeuble. Liv se penche pour regarder les noms sur les boites aux lettres.

Liv : Lemarchand … C'est bien ce que je pensais !

Scène 4

On entend la musique de la fête. Jeanne arrive sur le balcon. Elle a son portable et regarde des photos. Après un moment, Aminata arrive.

Aminata : Salut, Jeanne, ça va ? Qu'est-ce que tu fais toute seule dans ce coin ? Tu es sur Snapchat ?

Jeanne : Oui.

Aminata : Tu es au milieu d'une fête et tu passes ton temps toute seule, dans un coin, sur Snapchat ?

Jeanne : Oui, et alors ?

Aminata *(décidée)* **:** Qu'est-ce que tu regardes ? *(Elle lui prend son portable.)* Les photos de Rayan ! Mais Rayan est ici ! Tu regardes les photos que Rayan est en train de poster de la fête ! *(Elle regarde Jeanne.)* Pourquoi est-ce que tu ne vas pas lui parler ?

Jeanne : Je ne sais pas...

Aminata *(en colère, prend le portable de Jeanne et le tient au-dessus de la rambarde du balcon)* : Jeanne ! Ça suffit ! Si tu ne vas pas parler à Rayan tout de suite, je jette ton portable du balcon !

Jeanne *(qui a peur mais aussi un peu envie d'essayer)* : OK, OK, j'y vais !

Aminata rend à Jeanne son portable. Jeanne rentre dans l'appartement. Aminata secoue la tête, met le bonnet des Antis et part.

Scène 5

Aminata retrouve Liane et d'autres Antis en bas sur la place. Ils se font la bise et commencent à sortir des grandes cordes de différentes couleurs. Louise qui sert toujours des tartines les observe. Illias continue à distribuer des publicités aux gens qui passent.

Scène 6

On entend la musique de la fête. Jeanne et Rayan arrivent sur le balcon. Rayan porte beaucoup de vêtements. Il n'est pas comme dans le premier acte.

Rayan : On n'entend rien là-dedans, avec cette musique !

Jeanne : C'est drôle.

Rayan : Quoi ?

Jeanne : Tes vêtements… Tu es… *(Elle hésite.)* Tu n'es pas comme ça, sur Snapchat…

Rayan : Ah ?

Jeanne : Je ne te reconnais presque pas…

Rayan : Mais…

Jeanne le regarde de tous les côtés.

Jeanne : Tu es timide ?

Rayan : Euh non ! ... Enfin je ne sais pas, peut-être... ?

Jeanne touche doucement ses vêtements.

Jeanne : On ne voit même pas ton tatouage...

Rayan : Non, le tatouage, c'est personnel, je ne le montre pas tout le temps...

Jeanne : Tu le montres sur Snapchat !

Rayan : Ah, euh, oui ... Sur Snapchat ... ce n'est pas la même chose ... Sur Snapchat, je ne suis pas là quand les autres le regardent...

Jeanne : Ah, euh, je comprends... Pour moi aussi, c'est plus facile de dire ce que je pense quand je ne suis pas en face des gens !

Rayan : *(avec un sourire)* On essaie ?

Jeanne : *(avec le même sourire)* D'accord !

Ils se mettent dos à dos et sortent leurs smartphones.

Dialogue sur Snapchat entre Rayan et Jeanne.

Rayan : **Jeanne :**

TU ME PLAIS… 21:16 ✓✓

SUR SNAPCHAT ? 21:17 ✓✓

OUI 21:18 ✓✓

AH 21:18 ✓✓

MAIS DANS LA VRAIE VIE
AUSSI 21:19 ✓✓

☺ 21:20 ✓✓

<3 21:20 ✓✓

*Ils quittent le balcon ensemble au moment où
Marie arrive.*

Scène 7

On entend la musique de la fête. Marie regarde Rayan et Jeanne qui partent. Elle a l'air triste. Elle regarde la rue. Tout à coup, Sim, Naïm et Liv arrivent sur le balcon. Quand Sim et Naïm voient Marie, ils commencent tout de suite à la draguer comme ils ont dragué Lucile dans le premier acte.

Sim : Bonsoir, Mademoiselle !

Naïm : On ne te dérange pas, Mademoiselle ?

Marie : Non, venez…

Sim : Comment est-ce que tu t'appelles, Mademoiselle ?

Marie : Marie…

Sim : Oh, enchanté, Marie! Tu es aussi jolie que la vue ici… *(pour lui)* Ça rime ! *(Il commence à faire du beatbox.)* TrripTrripTrripTrrap… Oh, enchanté, Marie ! Tu es aussi jolie que la vue ici… TrripTrripTrripTrrap… Oh, enchanté, Marie ! Tu es aussi jolie que la vue ici…

Marie sourit, flattée.

Naïm : Attendez, je vais prendre une photo !

Sim : Ça ne te dérange pas, Marie, de faire un selfie avec nous ?

Naïm met son bras autour des épaules de Liv, et Sim met son bras autour des épaules de Marie. Naïm fait un selfie.

Sim : Tu nous donnes ton numéro de téléphone, Marie ? Comme cela on peut t'envoyer la photo ?

Naïm : Il ne faut pas écouter mon copain, Marie, c'est un dragueur !

Sim : Mais non, viens Marie, on va danser !

Sim et Marie partent. Naïm et Liv restent ensemble sur le balcon.

Naïm : Super soirée, c'est chouette, Liv, de te voir ailleurs que devant ton ordinateur…

Liv : Tu trouves ?

Naïm lui enlève doucement ses lunettes.

Naïm : Oui … et c'est chouette de te voir sans tes lunettes de nerd…

Liv regarde Naïm dans les yeux. Mais tout à coup, elle se met à cligner des yeux, elle regarde bizarrement autour d'elle et reconnait sur la place le père de Lucile qui arrive avec sa valise à roulettes.

Liv : Zut ! Le père de Lucile !

Naïm : Tu le connais ?

Liv : Oui, non, enfin peut-être ! Vite, il faut prévenir Lucile !

Naïm rentre vite dans l'appartement. Liv regarde encore une fois la place, sort son portable et appelle M. Lemarchand.

Scène 8

M. Lemarchand marche sur la place avec sa valise à roulettes. Son téléphone rouge sonne. Il est étonné. Il décroche.

M. Lemarchand : Mister X ? Qu'est-ce qui se passe ? Vous…

Il s'interrompt parce que son téléphone bleu sonne. Il le sort de sa poche.

M. Lemarchand : Lucile, ma chérie, tu ne dors pas ? Écoute, je suis presqu'à la maison...

Les Antis ont remarqué M. Lemarchand et avancent dans sa direction. Ils tournent autour de lui et le serrent dans des fils rouges.

M. Lemarchand : Mais qu'est-ce que vous faites ? Mais laissez-moi !

Il se débat. On voit différentes personnes qui passent au balcon pour cacher des bouteilles, ranger des assiettes de chips, secouer une couverture... Sur la place, les Antis sortent des affiches : « LE TÉLÉPHONE SANS FIL NOUS ENCHAINE » ! Aminata fait une photo.

M. Lemarchand : Ce n'est pas possible ! Au secours ! Au secours ! Je vais appeler la police !

Il réussit à se libérer. À ce moment, Illias arrive.

Illias : « Tart'Inn » ! Le restaurant de la

tartine ! Vous euh... Monsieur... Vous ne voulez pas gouter une tartine à la ba... euh... à la banane, Monsieur ?

Louise : *(Elle sert toujours les gens.)* Et une tartine banane-jambon flambée au cognac ! C'est la spécialité de la maison !

M. Lemarchand essaie d'échapper aux Antis. Pendant ce temps, tous les invités de la fête quittent l'immeuble et partent discrètement. On voit Naïm avec Liv, Rayan avec Jeanne, Sim avec Marie, et Jules avec Charlène. Quand finalement M. Lemarchand est libre, la place est vide. Il regarde autour de lui, étonné, fait le code et rentre chez lui.

Scène 9

Lucile enregistre des messages vocaux sur son balcon.

Lucile : Je regrette pour tout à l'heure.

J'aimerais que tu sois là. Je n'aime que toi !

On entend en décalé les messages qu'elle enregistre qui se répètent. Tout à coup, elle se penche et regarde en bas. Elle voit Antoine qui écoute ses messages.

Lucile : Antoine !

Antoine : Lucile !

Ils se font de grands signes et s'envoient des baisers.

FIN

Catherine Grabowski

Je suis née en France, il y a longtemps, à l'époque où il y avait un téléphone par famille. Chez nous, il était dans le couloir et le fil était court. Ce n'était pas idéal pour les conversations privées.

J'avais 20 ans quand j'ai entendu parler pour la première fois d'Internet, 33 ans quand j'ai écrit mon premier texto, et 39 ans quand j'ai reçu mon premier smartphone. Aujourd'hui, j'oublie de moins en moins souvent de le recharger.

Après le bac, j'ai commencé des études d'allemand à Paris et puis à 21 ans, je me suis installée à Berlin pour les continuer. C'est donc en Allemagne que j'ai assisté à l'arrivée progressive des portables dans la vie publique.

Pour moi, il est normal de voir partout des gens avec leur téléphone dans la rue et dans le métro. Mais quand je retourne à Paris, je suis chaque fois surprise de voir que c'est pareil là-bas. C'est comme si la ville de ma jeunesse était restée coincée dans ma tête dans un passé sans portable.

J'ai découvert l'univers de « Smartphonia » grâce à mes enfants. Parfois je me fâche contre la dictature des écrans, comme Aminata avec Jeanne, parce que je trouve que les smartphones remplacent et volent une part de vie. Mais souvent aussi, j'observe avec envie la manière dont cette petite machine permet aux jeunes d'avoir toujours leurs amis avec eux et de communiquer pensées et émotions avec tout un groupe… Je me demande alors quelle adolescente j'aurais été sur les réseaux sociaux. Je me demande si j'aurais eu d'autres amis dans le monde digital et cela me fait rêver.

C'est peut-être pour cela que j'écris. Parce

que j'aime bien imaginer comment aurait été ma vie si…

Ah oui, je suis un dinosaure par rapport aux réseaux sociaux, mais j'ai quand même un site web. C'est *www.sachons-planter-des-clous.net* !

Vocabulaire

Die deutsche Entsprechung der Vokabeln bezieht sich meist auf ihre Verwendung im Text und entspricht nicht immer der Hauptbedeutung.

A

accro süchtig

l'**acheteur** *m.* der Einkäufer

admiratif/-ive bewundernd

l'**affiche** *f.* das Plakat

ailleurs woanders

avoir l'**air triste** traurig aussehen

ajouter hinzufügen

à l'**appareil** *m.* am Apparat

les produits d'**alimentation** *m. pl.* die Lebensmittel

être **amoureux/-euse de** verliebt sein in

l'**annuaire** *m.* **téléphonique** das Telefonbuch

arracher aus der Hand reißen

s'**asseoir** sich setzen

l'**assiette** *f.* der Teller

être **assis/e** sitzen

au-dessus de über

j'**aurais dû...** ich hätte ... sollen

aussitôt gleich

autour de... um, um ... herum

B

le **baiser** der Kuss
baisser senken
le **banc** die Bank
bas/se leise
en **bas** unten
à **base de** auf der
Grundlage von
Record **battu !** Rekord
gebrochen!
avoir **besoin** brauchen
bizarre seltsam
la **boite aux lettres** der
Briefkasten
le **bonnet** die Mütze
la **bouche** der Mund
la **brune** die
Dunkelhaarige

C

la **cacahouète** die
Erdnuss
cacher verstecken
se **calmer** sich beruhigen
à **cause de** wegen
le **centime** der Cent
certain/e gewisse/r/s
ceux qui diejenigen, die

chacun/e jede/r
changer wechseln, sich
ändern
chaque fois jedes Mal
le **chemin** der Weg
chouette prima, cool
le **client** / la **cliente** der
Kunde / die Kundin
cligner des yeux
blinzeln
le **clin d'œil** das
Augenzwinkern
le **code** der Zugangscode
(Haus)
le **cœur** das Herz
coincer (ein-)klemmen
se mettre en **colère**
wütend werden
la **colonisation** die
Inbesitznahme, die
Besetzung
comme si als ob
la **communication** die
(Telefon-)Verbindung
composer le numéro
die Nummer wählen
compter sur sich
verlassen auf

le **conseil** der Rat

le **conspirateur** der
Verschwörer

les **coordonnées** *f. pl.*
die Koordinaten

la **corde** die Schnur

le **côté** die Seite

à **côté de** neben

faire **coucou** zuwinken

couper (die Verbindung)
unterbrechen

le sac de **courses** die
Einkaufstasche, -tüte

la **couverture** die Decke

croire glauben

les mots **croisés** *m. pl.*
das Kreuzworträtsel

cuisiner kochen

D

se **débattre** sich wehren

(rester) **debout** stehen
(bleiben)

en **décalé** mit
Verzögerung

décidé/e entschlossen

décrocher den Anruf
entgegennehmen

dégueulasse ekelhaft

déranger stören

désespéré/e verzweifelt

désirer wünschen

discrètement
unauffällig

dis donc sag mal

que je te **dise** dass ich
dir sage

distribuer verteilen

**donner sur la rue de
Rivoli** auf die Rue de
Rivoli hinausgehen

doucement leise;
behutsam

draguer anmachen

le **dragueur** der
Anmacher

droit/e ; à droite
rechte/r/s; rechts

E

échapper entkommen

les **écouteurs** *m. pl.*
die Ohrstöpsel, die
Earphones

enchainer fesseln

enchanté/e entzückt, erfreut

en fait eigentlich

enlever abnehmen

enregistrer aufnehmen

entrainer mit sich ziehen

l'**entretien** *m.* d'embauche das Einstellungsgespräch

avoir **envie** Lust haben

environ ungefähr

envoyer (ab-)schicken

l'**épaule** *f.* die Schulter

épouser heiraten

l'**erreur** *f.* der Irrtum

l'**espace** *m.* **public** der öffentliche Raum

l'**Espagne** *f.* Spanien

espérer hoffen

l'**essai** *m.* der Versuch

étonné/e erstaunt

excité/e aufgeregt

F

en **face de** gegenüber von

fâché/e ärgerlich, wütend

la **façon** die Art und Weise

faux/fausse falsch

le (téléphone) sans **fil** das schnurlose Telefon

finalement schließlich

le (téléphone) **fixe** das Festnetztelefon

flambé/e flambiert

flatté/e geschmeichelt

Je **foire tout !** Ich vermassle alles!

folle verrückt

forcer zwingen

fort/e laut

G

gauche ; à gauche linke/r/s; links

Ce n'est pas mon **genre !** Das ist nicht mein Fall!

la **glace** das (Speise-)Eis

le **glacier** das Eiscafé

Je suis un beau **gosse !** Ich bin ein echt hübscher Kerl!

gouter kosten, probieren
gros/se groß

H
hausser les épaules *f. pl.*
die Achseln zucken
le **haut-parleur** der
Lautsprecher
hésiter zögern
horrifié/e entsetzt,
erschreckt

I
immense riesig
l'**immeuble** *m.*
mehrstöckiges
Wohnhaus
n'**importe quoi** Blödsinn
l'**impression** *f.* der
Eindruck
s'**installer** Platz nehmen
l'**instant** *m.* der
Augenblick
s'**interrompre** sich
unterbrechen
être **interrompu/e**
unterbrochen werden
inventer erfinden

J
le **jambon** der Schinken
jeter werfen
joindre erreichen
juste comme ça nur so

L
se **lamenter** klagen,
jammern
avec **lesquelles** mit
denen
lever heben
se **lever** aufstehen
se **libérer** sich befreien
lourd/e schwer
les **lunettes** *f. pl.* die
Brille

M
le **machin** das Ding
manquer fehlen
marcher gehen
le **mari** der Ehemann
la **mèche** die (Haar-)
Strähne
la **médaille (d'or)** die
(Gold-)Medaille
le **menu** die Speisekarte

Merde ! Scheiße!

au **milieu de** inmitten von

la **mission** der Auftrag

la **modestie** die Bescheidenheit

se **moquer de** sich lustig machen über

la **mousse** die Crème, der Schaum

muet/te stumm

N

ne...que nur

la famille **nombreuse** die Familie mit vielen Kindern

à **nouveau / de nouveau** wieder, erneut

la **nuque** der Nacken

O

être **occupé/e** beschäftigt sein

s'**occuper de** sich kümmern um

l'**offre** f. das Angebot

offusqué/e empört

l'**opération** f. die Protestaktion

l'**ordi(-nateur)** m. der Computer

l'**oreille** f. das Ohr

P

par-dessus über … hinweg

le **passager** der Fahrgast, der Reisende

le **patron** der Inhaber

se **pencher** sich (hinüber-)beugen

les **personnages** m. pl. *die im Stück auftretenden Figuren*

Tu me plais ! Du gefällst mir!

plein de viele

le **plus souvent** am häufigsten

la **poche** die Tasche

au **point où on en est** wenn wir schon dabei sind

la **ponctualité** die Pünktlichkeit

posséder besitzen
le poste der Job
poster posten,
hochladen, online
stellen
je pourrai ich werde
können
presque fast
prévenir
benachrichtigen;
warnen
la publicité die
Werbung, der
Werbezettel

Q

quelque part irgendwo
Qu'est-ce qui se passe ?
Was ist los?
la queue die Schlange
quitter verlassen

R

raccrocher das
Telefongespräch
beenden
la rambarde die
Brüstung

rappeler zurückrufen;
erinnern
la recette das Rezept
elle reçoit un message
sie erhält eine
Nachricht
recomposer le numéro
die Nummer erneut
wählen
reconnaitre
wiedererkennen
redonner wiedergeben
réécouter noch einmal
anhören
refaire wieder tun
réfléchir überlegen
le regard der Blick
regretter bedauern,
leidtun
relever anheben,
hochziehen
relire noch einmal lesen
remarquer bemerken
remettre wieder
aufsetzen
le rendez-vous die
Verabredung, der
Termin

rendre zurückgeben
la **réponse** die Antwort
le **réseau social** das
soziale Netzwerk
résister Widerstand
leisten
respirer (durch-)atmen
ressortir wieder
herausholen
la **restauration** die
Gastronomie
réussir gelingen
le **revendeur** der
(Wieder-)Verkäufer
revenir zurückkommen
rimer sich reimen
être en **route** auf dem
Weg sein

S
sage brav
la **scène** die Szene; die
Bühne
secouer schütteln,
durchschütteln,
ausschütteln
Au **secours !** Hilfe!
le **sens** die Richtung

ça **serait** das wäre
serrer einschnüren
la **serveuse** die Kellnerin
servir bedienen
le **signe** das Zeichen
la **soirée** der Abend
Sois... ! Sei …!
que je/tu **sois** dass ich
bin / du bist
le **sorbet** *Fruchteis*
la **sortie** der Ausgang
sortir (le portable) (das
Handy) herausholen
soudain plötzlich
soulagé/e erleichtert
sourire lächeln
le **sourire** das Lächeln
Ça **suffit !** Jetzt reicht's
aber!
par la **suite** danach,
anschließend
tout de **suite** sofort,
gleich
surtout vor allem

T

tant pis schade um

taper tippen, klopfen, knuffen

la **tartine** das belegte Brot

le **tatouage** die Tätowierung

tendre reichen, hinhalten

la **tenue de jogging** der Jogginganzug

le **texto** die SMS

Tiens ! Halt mal!

le **tiers** das Drittel

timide schüchtern

le **tour (de jogging)** die (Jogging-)Runde

faire la **tournée** die Runde machen

(se) **tourner** (sich) zuwenden

tout à l'heure gleich

être en **train de...** gerade dabei sein …

le **trajet** die Fahrt, die Strecke

le **trophée** die Trophäe

le **truc** die Sache, das Ding

U

utiliser verwenden, benutzen

V

la **valise à roulettes** der Rollkoffer

le **vernis à ongles** der Nagellack

ils **verront** sie werden sehen

vexé/e beleidigt

vide leer, frei

que tu **viennes** dass du kommst

le message **vocal** die Sprachnachricht

la **voisine** die Nachbarin

la **voix** die Stimme

le **voyage d'affaires** die Geschäftsreise

vraiment wirklich

la **vue** der Blick, der Ausblick